# BEI GRIN MACHT SICH IHR WISSEN BEZAHLT

# Biografische Fragebögen, funktionale Organisation und Auswahlgespräche. Eine Fallstudie

Jacqueline Sander

**Bibliografische Information der Deutschen Nationalbibliothek:**

Die Deutsche Nationalbibliothek verzeichnet diese Publikation in der Deutschen Nationalbibliografie; detaillierte bibliografische Daten sind im Internet über http://dnb.d-nb.de abrufbar.

ISBN: 9783346520197
Dieses Buch ist auch als E-Book erhältlich.

© GRIN Publishing GmbH
Nymphenburger Straße 86
80636 München

Druck und Bindung: Books on Demand GmbH, Norderstedt Germany
Gedruckt auf säurefreiem Papier aus verantwortungsvollen Quellen

Das vorliegende Werk wurde sorgfältig erarbeitet. Dennoch übernehmen Autoren und Verlag für die Richtigkeit von Angaben, Hinweisen, Links und Ratschlägen sowie eventuelle Druckfehler keine Haftung.

Das Buch bei GRIN: https://www.grin.com/document/1141234

# EINSENDEAUFGABE
## Personal und Organisation

## Alternative A

abgegeben am: 16.09.2021

SRH Fernhochschule

Modul: Personal und Organisation (BPEROR)

Studiengang: Prävention und Gesundheitspsychologie

Von

**Jacqueline Sander**

# Inhaltsverzeichnis

In der folgenden Arbeit wird aus Gründen der besseren Lesbarkeit ausschließlich die männliche Form verwendet. Sie bezieht sich auf Personen beiderlei Geschlechts.

# Aufgabe 1

## 1.1 Biographischer Fragebogen

Grundsätzlich ist der biografische Fragebogen am erfolgversprechendsten in Branchen mit Vertretern (Außendienst), Verkäufern und auf Führungsebene. Der Grundgedanke des biografischen Fragebogens ist, dass aus vergangenem Verhalten von Personen Rückschlüsse auf zukünftiges Verhalten gezogen werden können. In der Regel beziehen sich die Fragen des biografischen Fragebogens jedoch auf:"Einstellungen, Präferenzen, Erwartungen, Interessen, Herkunftsfamilie, eigene Familien-, Wohn- und Vermögensverhältnisse, Gesundheitszustand, Ausbildung, Berufswahlmotive, Arbeits- & Berufserfahrung, außerberufliche Tätigkeiten, Freizeitaktivitäten, Vereinsmitgliedschaften, usw."

Biographischer     Fragebogen     -     Wirtschaftslexikon     (wirtschaftslexikon24.com)

Demzufolge werden eher Persönlichkeitsmerkmale und Einstellungen begutachtet und der Begriff "biografisch" kann dabei irreführend sein. Durch die Beleuchtung des biografischen Hintergrundes soll der Berufserfolg von Stelleninteressenten vorhergesagt werden.

Durch den biografischen Fragebogen soll in Bezug auf ein Leistungskriterium eine Abgrenzung zwischen dem maximalen Leistungsträger und den Personen mit unterdurchschnittlicher Leistung hervorgehoben werden. Das bedeutet, dass Personen mit der maximalen positiven Merkmalsausprägung das Kriterium betreffen und die am schlechtesten Abschneidenden als "Markierungen gesetzt". Damit wird die Auswahl der Bewerber eingegrenzt und erleichtert.

Im deutschen Sprachraum findet der biografische Fragebogen, trotz seiner Validität und guten Prognosekraft, wenig Gebrauch. Das liegt unter anderem daran, dass der Fragebogen für jedes Unternehmen und jede Arbeitsstelle überarbeitet und angepasst werden muss, damit er zielführend ist. Teilweise finden sich noch Fragen bezüglich der Familienverhältnisse, der Gesundheit oder konfessioneller Zugehörigkeit in biografischen Fragebögen. Dies wird kritisch gesehen, das es zum Einen gesetzlich verboten und zum Anderen diskriminierend ist. Zu solchen Fragen gehört die Frage nach einer bestehenden oder geplanten Schwangerschaft in einem Vorstellungsgespräch.

Die Daten, welche erhoben werden, sind Lebenslaufdaten. Der Fragebogen wird auf empirisch bewährten Vorgaben aufgebaut. Nach der Entwicklung von Kriterien, werden diesen eine Anzahl von Merkmalen zugeordnet. Diese betreffen in der Regel Schul- und Ausbildungszeit, das Berufsverhalten, Arbeits- und Berufserfahrung, Leistungsbereitschaft, Einstellung zur Arbeit selbst und die Kontaktfähigkeit. (Bröckermann, 2021) Zwingend notwendig ist die Tätigkeitsbezogenheit der Items, und dass diese biografisch zuordenbar sind.

Die Befragten haben entweder eine Antwortauswahlmöglichkeit oder geben an, in welchem Maße sie der Antwort zustimmen (Mehrfachauswahlfragen). "Durch die Kombination der Fragen und (…) [die] nicht direkt ersichtliche Wiederholung von Fragen und Antwortsegmenten" (Bröckermann, 1997, S.77) sollen ehrliche Antworten sichergestellt werden. In Kombination mit einem freien Teil, in dem Verhalten und Einstellung beschrieben werden sollen, ergibt sich für den qualifizierten Auswerter ein aussagekräftiges Bild über den Bewerber. In der Regel wird vorab ein Vorstellungsgespräch geführt und der biografische Fragebogen dann nur jenen Bewerbern zur sofortigen Beantwortung vorgelegt, welche in die engere Auswahl für die Stelle kommen. Mit der sofortigen Beantwortung soll verhindert werden, dass eventuell Freunde oder Familie den Bogen (mit)beantworten und somit das Bild verzerren.

Eine mögliche Auswahlfrage für Außendienstmitarbeiter von 'Time' könnte nachfolgende sein:

**"Meine eigenen Ziele zu erreichen ist mir das Wichtigste."**

❑ Stimme vollkommen zu

❑ Stimme zu

❑ Stimme in gewissen Maßen zu

❑ Stimme eher nicht zu

❑ Stimme überhaupt nicht zu

Beispiel für eine "offen" zu beantwortende Frage ist:

**"Vergleichen Sie Ihr Engagement als Schüler und als Berufstätiger."**

## 1.2 Validität von biografischen Fragebögen

Im Gegensatz zu Auswahlgesprächen, welche zu den am wenigsten validen Verfahren gehören, werden biografische Fragebögen zu den am validesten Testverfahren gezählt. Durch die entsprechende Anpassung an die Stelle und Bearbeitung der Fragen, kann eine hinreichende Prognose zum zukünftigen Verhalten gestellt werden.

Nach Analyse der Fachliteratur zum Thema, hat Stehle (1990) folgende Validitätskoeffizienten festgestellt:

| Verfahren | Validität (prognostische) |
|---|---|
| Interview | 0.00 - 0.25 |
| Intelligenztests | 0.20 - 0.30 |
| Leistungstests | 0.10 - 0.20 |
| Persönlichkeitstests | 0.20 - 0.40 |
| Situative Verfahren | 0.20 - 0.30 |
| Assessment- Center | 0.40 - 0.75 |
| Peer- Ratings | 0.30 - 0.50 |
| Biographischer Fragebogen | 0.40 - 0.70 |

Abb. 1: Überblick über Validität eignungsdiagnostischer Verfahren (Schuler/ Stehle, S. 17)

Obenstehende Tabelle verdeutlicht somit nochmals die hohe Validität des biografischen Fragebogens, insbesondere gegenüber anderen eignungsdiagnostischen Verfahren, wie beispielsweise Leistungstests oder Interviews.

Gründe für die hohe Validität der Fragebögen sind unter anderem: die Anpassung an die jeweilige Stichprobe, das Prinzip der Fragestellung (konkret, spezifisch, etc.) und die itemweise Validierung. (Schuler, 1998)

Um biographische Fragebögen valide zu konstruieren, bieten sich verschiedene Herangehensweisen an:

> Empirisch: Auswahl der biographischen Fragen, welche nur ein Kriterium vorhersagen (z.B. Berufserfolg). Die Kriteriumsvalidität wird mit Hilfe einer Stichprobe ermittelt und mit einer Weiteren gegengeprüft.

> Deduktiv: Durch das Ermitteln von Fragen beruhend auf Anforderungsprofilen oder inhaltlichen Überlegungen. Das Ergebnis lässt sich in aussagekräftigen Skalen darstellen.

> Induktiv: Skalen werden mithilfe von Faktorenanalyse bestimmt und sind durch latente Variablen (Faktoren) gut interpretierbar.

> Nach Untergruppen: Es werden Gruppen von Personen mit ähnlichen Lebensläufen gebildet und nach Ausfüllen eines biographischen Fragebogens untereinander verglichen und nochmals zugeordnet. (Petersen, 2012)

Grundsätzlich soll jedes Item am Erfolgskriterium einzeln validiert werden. Durch die schon angesprochene Anpassung des Fragebogens an die jeweilige Stichprobe/ Stelle kommt es zum Einen zu einer guten Prognosefähigkeit, zum Anderen kann der Fragebogen auf Grund dessen generalisiert werden.

Es soll an dieser Stelle nochmals darauf hingewiesen werden, dass der biographische Fragebogen auf jede zu besetzende Stelle im Unternehmen neu zugeschnitten werden muss. Zu beachten sind auch geografische Aspekte (Stelle im selben Unternehmen aber einem anderen Land). Des Weiteren spielt der Zeitpunkt der Erhebung eine Rolle. Leistungswerte der zu vergleichenden Mitarbeiter können abweichen. Es kann sinnvoll sein, die biographischen Items neu zu gewichten und/ oder den Fragebogen zu einem anderen Zeitpunkt nochmals bearbeiten zu lassen. (Knoblauch, 1990)

Der biographische Fragebogen wird auch zur Auswahl geeigneter Bewerber einer Ausbildungsstelle herangezogen. Es gibt jedoch Hinweise darauf, dass der Prognosekoeffizient in dieser Altersgruppe eher niedrig ist. Grund dafür kann das relativ junge Alter und somit eine kürzere Biographie folglich die damit einhergehende geringere Datenbasis sein. Zusätzlich kann von einer noch geringeren Verhaltensstabilität als bei Berufserfahrenen ausgegangen werden. (Schuler, 1998)


## 1.3 Einsatzgebiete bei 'Time'

Es wurde festgestellt, dass der biographische Fragebogen ein valides Instrument ist, um das Unternehmen bei der Personalauswahl zu unterstützen. In nahezu allen Standardwerken (Bröckermann, 1997, 2021; Schuler, 1990, 1998) wird darauf hingewiesen, dass das Einsetzen eines Biographischen Fragebogen nahezu ausschließlich ein Mittel zur **externen** Personalfindung ist, alsovorrangig bei Mitarbeitern im Verkauf oder im Außendienst eingesetzt werden soll. In den USA wird der biografische Fragebögen auch bei Militärangehörigen, Führungskräften und Wissenschaftlern angewandt. Bröckermann (2021) schlägt vor, den erfolgreichen Mitarbeitern des Unternehmens einen biographischen Fragebogen vorzulegen und anhand ihrer "erfolgreichen Verhaltensmuster und Werteinstellungen" (Bröckermann, 2021, S.87) Vergleichsdaten für die Bewerber zu entwickeln.

Um den biographischen Fragebogen zur Verbesserung der internen Personalauswahl einzusetzen, müssen die Items "sehr sorgfältig auf den Zweck abgestimmt" werden. (Schuler, 1998, S.101)

Es sollte bei 'Time' möglich sein, den Fragebogen mit Erfolg einzusetzen, wenn die Items entsprechend angepasst werden. Auch wäre es sinnvoll in Rahmen der Personalentwicklungsmaßnahmen den erfolgreichen Mitarbeitern, welche sich auf eine höhere Stelle in einer Führungsposition bewerben, den biographischen Fragebogen bearbeiten zu lassen und die somit gewonnen Daten zur Entscheidungsfindung heranzuziehen. '

Auch wenn diese Methode der Personalauswahl sehr erfolgversprechend ist und damit ideale Mitarbeiter gewonnen werden, besteht die Gefahr , dass dadurch die zwingend notwendige Flexibilität verloren geht. Diese Flexibilität ist nötig, um schnell und effizient auf Änderungen reagieren zu können.

Nicht zu vergessen ist, dass neue "Köpfe" (und Verhaltensweisen) auch neue Ideen in das Unternehmen 'Time' bringen. Diese sind bei Entwicklung von Verkaufsstrategien und neuen Uhrenmodellen nicht außer Acht zu lassen.

# Aufgabe 2

## 2.1 Beschreibung der funktionalen Organisation

Aufbau und Organisation eines Unternehmens können sehr unterschiedlich gestaltet sein. Es wird in Primär- und Sekundärorganisation unterteilt. Primärorganisationen werden unterschieden in:

- ✓ Funktionale Organisation
- ✓ Divisionale Organisation
- ✓ Matrix- und Tensororganisation
- ✓ Holdingorganisation

Nachfolgen soll näher auf die funktionale Organisation eingegangen werden.

Eine funktionale Organisation wird auch als Verrichtungsorganisation bezeichnet und ist die älteste Organisationsform des Industriebetriebes. Sie " weist ein hohes Maß an verrichtungsorientierter Arbeitsteilung und fachlicher Spezialisierung auf." (Vahs, 2015, S. 145) Funktionale Organisationen finden sich in mittelständischen Unternehmen, also Unternehmen, welche

Spitzentechnologien in der Forschung und der Produktion entwickeln. In der Regel handelt es sich um Unternehmen, welche sich durch einen hohen Grad an Spezialisierung auszeichnen.

Auf der ersten Hierarchieebene ist die Unternehmensführung (Geschäftsleitung) zu verorten. Die zweite Hierarchieebene ist durch die Teilung in verschiedene Funktionsbereiche gekennzeichnet. Diese können Materialwirtschaft, Vertrieb, Produktion, Forschung und Entwicklung, Verwaltung, etc. sein. Diese Bereiche sind der Unternehmungsführung im Einlinienprinzip direkt unterstellt. In der Regel entwickelt sich eine funktionale Organisationsstruktur in kleinen bis mittleren Betrieben mit kleiner relativ homogener Produktpalette. Wird dieser Vorgang näher betrachtet, so lässt sich feststellen, dass sich die funktionale Organisation im Laufe des betrieblichen Wachstumsprozesses herausbildet. Durch die Zunahme von Leitungsaufgaben und Geschäftsvolumen müssen zu regelnde Aufgaben auf mehrere Personen verteilt werden. Der erste Schritt ist oftmals die Trennung in einen kaufmännischen und einen technischen Funktionsbereich. Wächst das Unternehmen, kommt es zu einer weiteren Differenzierung der Bereiche.

Durch die Zusammenfassung von gleichartigen Aufgaben können Spezialisierungsvorteile genutzt werden. Operative Funktionsbereiche werden unterteilt in ressourcenorientierte und leistungsorientierte Funktionsbereiche. Der ressourcenorientierte Bereich ist zuständig für die Beschaffung und Verwaltung (z.B. Personal,- Material- und Finanzwirtschaft). Da dieser Bereich nur indirekt mit der Produktion zu tun hat wird auch von indirekten Bereichen gesprochen. Der direkte Bereich, der leistungsorientierte Funktionsbereich, ist am unmittelbaren Herstellungsprozess beteiligt. Dazu gehören das Planen von Produkten und Leistungen sowie das Umwandeln der"von den indirekten Bereichen bereitgestellten Inputgüter in marktfähige Outputgüter" (ebd., S. 146) In einem nächsten Schritt können die gebildeten Bereiche nochmals gegliedert werden. Entweder nach Funktion/ Verrichtung oder nach Objekten (im Fall von 'Time' beispielsweise digitale Uhren/ mechanische Uhren).

Die Unternehmensführung ist der strategische Funktionsbereich, welcher als Steuerungseinheit gilt. Die Geschäftsführung ist zuständig für die Koordination der Funktionsbereiche, die Vorgabe von Erfolgs- und Leistungszielen und die

Ressourcenverteilung. Auch operative Entscheidungen das laufende Geschäft betreffend werden oftmals auf Führungsebene beschlossen. Die Verantwortung für die Umsetzung liegt bei den einzelnen untergeordneten Funktionsbereichen.

## 2.2 Vor- und Nachteile einer funktionalen Organisation

Eine funktionaler Organisationsaufbau bietet sowohl Vor- als auch Nachteile. Es handelt sich um eine einfache Organisationsstruktur, mit klar getrennten, gut zu steuernden (Funktions)Bereichen. Das heißt, individuelle Kompetenzen lassen sich leicht abgrenzen, Aufgabenbereiche sind klar strukturiert und vorgegeben. Es kommt zu weniger Kompetenzgerangel, da die Verantwortlichkeiten klar verteilt sind. Durch die wenigen hierarchischen Ebenen in einer funktionalen Organisation ist das Unternehmen leicht zu koordinieren. Des Weiteren gibt es in der Regel einen unmittelbaren Kommunikationsfluss und somit einheitlichen Informationen für alle Mitarbeiter. Durch den direkten Zugang zu den Mitarbeitern, welche an bestimmten Problemen/ Projekten arbeiten, gibt es kurze und direkte Kommunikationswege. Bereichsübergreifende Problemlösung ist leicht möglich. (Probst, 1992) Zum Beispiel: Abteilungsleiter A kann sich abteilungsübergreifend bei der Problemlösung an Mitarbeiter B wenden. Durch die optimale Nutzung der Spezialisierungsvorteile sind in den operationalen Funktionseinheiten Fachleute mit klar umrissenen Aufgaben tätig. Mit dem Pooling gleicher oder ähnlicher Aktivitäten sind Kostendegressionen (Senkung derHerstellungskosten bei steigender Produktion) möglich und (Verfahrens)Innovationen leichter umsetzbar. Durch den erhöhten Grad an Arbeitsteilung kommt es zu kurzen Einarbeitungszeiten. Damit erhöhen sich auch die Lern- und Arbeitskurveneffekte. Der Bedarf an (hoch)spezialisierten Fachkräften ist somit geringer.

Nachteilige Effekte in einem Unternehmen mit funktionaler Organisation können sein: Durch die vielen Schnittstellen und die gegenseitige Abhängigkeit (Interdependenzkann es zu weitreichenden Koordinationsproblemen kommen. Diese können mit dem Wachstum des Unternehmens wachsen. Darauf folgt eine schnelle Überlastung der Führungsebene (Kamineffekt). Durch die eingeschränkten engen Handlungs- und Entscheidungsspielräume, wird die

Kreativität beschnitten. Die Entscheidungsfindung kann dadurch sehr schleppend sein. Die genannten engen Handlungsspielräume führen zu verminderter Mitarbeitermotivation und damit auch zur Entwicklung von neuen Führungspersonen aus den eigenen Reihen. Des Weiteren kann mit einer funktionalen Unternehmensorganisation das Ressort- und Bereichsdenken gefördert werden. Das bedeutet, dass jeder Funktionsbereich versucht seine eigenen Ziele ohne Rücksicht auf Nachbarbereiche durchzusetzen. Damit einher geht eine fehlende Markt- und Wettbewerbsorientierung. Kundenwünsche und Aktionen von Mitbewerbern finden außerhalb des Vertriebes kaum Beachtung. Durch die unterschiedlichen Interessen der verschiedenen Teilbereiche kommt es nur zu einer langsamen Reaktion auf Marktveränderungen.

Abschließend kann gesagt werden, dass eine funktionale Organisation für kleine und mittlere Unternehmen, mit kleinem, homogenem Leistungsprogramm bei relativ stabiler Marktlage gut geeignet ist.

## 2.3 Bewertung für 'Time'

Es wurde festgestellt, dass 'Time' mit seinem Produktsortiment und seinem sonstigen Aufbau, als funktionale Organisation beschrieben werden kann. In der ersten Hierarchieebene findet sich demzufolge die Unternehmensleitung. In der zweiten Hierarchieebene ist die Bereichsleitung angesiedelt. Hier wird unterteilt in: Materialwirtschaft, Produktion, Vertrieb und Personal.

Durch den funktionalen Organisationsaufbau ist es 'Time' möglich, Kosten zu sparen, indem der Einkauf des Materials für sämtliche Produktionen gebündelt wird. Das heißt, dass "die ressourcenorientierten Funktionsbereiche die erforderlichen Einsatzgüter für das ganze Unternehmen rationeller beschaffen und verwalten" (Vahs, 2015, S. 147) können. Durch das Zusammenlegen verschiedener Maßnahmen kommt es zu einer hohen Effizienz in den einzelnen Funktionsbereichen. Der Vertrieb kann effektiv Wege und Möglichkeiten planen, um die von 'Time' produzierten Uhren auszuliefern. Durch diese und weitere Optionen ist es 'Time' möglich, sich zeitnah und relativ problemlos an quantitativen Umweltveränderungen anzupassen (z.B. Senkung der Produktion im Bereich digitaler Uhren). Die Bereiche Forschung und Entwicklung können versuchen Ideen für digitale Uhren auf mechanische Uhren zu übertragen. Designs können auf Grund der engen Zusammenarbeit besser angepasst werden.

Um sich den Herausforderungen der drohenden oder bestehenden Überlastung der Führungsebene zu stellen, gibt es verschiedene Maßnahmen, welche 'Time' umsetzen kann. Grundsätzlich kann über die Einrichtung neuer Funktionsressorts nachgedacht werden, deren Leiter der obersten Hierarchieebene angehören. Damit können fachliche und zeitliche Überbeanspruchung der Führungsebene vorgebeugt werden. Hier kann es allerdings zur Verlangsamung von Entscheidungsprozessen und Kompetenzkonflikten aufgrund zu vieler Schnittstellen kommen. Durch das Einrichten von Stabsstellen mit Koordinationsaufgaben können beispielsweise die Abteilungen Controlling oder Unternehmungsplanung die Informationsbeschaffung (was planen die Mitbewerber von 'Time'? Wohin entwickeln sich die Kundenwünsche?) übernehmen, Entscheidungen vorbereiten (Geht Uhr A oder Uhr B in Serienproduktion? Wechselt 'Time' den Zulieferer von Batterien?) und nachfolgend die Umsetzung überwachen. Weitere Möglichkeiten zur Verbesserung der Koordination sind die Bildung von bereichsübergreifenden Ausschüssen, die Heraushebung eines einzelnen Funktionsbereiches oder die Etablierung von Entkopplungsmechanismen. [ebd.]

Sollte sich 'Time' dazu entschließen, die Produktpalette zu erweitern und weniger homogen zu sein oder zu expandieren, wird es vermehrt zu Koordinationsproblemen kommen. Damit wird die Steuerung des Unternehmens schwieriger, die Spezialisierungsvorteile verlieren an Signifikanz und Strukturen und Abläufe werden weniger transparent. Um Problemen wie steigendem Aufgabenumfang und Komplexität, veränderte Marktsituation oder mehr notwendiger Flexibilität zu begegnen, ist es für 'Time' unabdingbar darüber nachzudenken die Organisationsstruktur von einer funktionalen in eine objektorientierte Organisationsform umzustrukturieren. Damit kann den Herausforderungen des Marktes und Wettbewerbes besser begegnet werden.

# Aufgabe 3

## 3.1 Auswahlgespräche: Eine Einführung

Auswahlgespräche oder auch Vorstellungs- oder Einstellungsgespräche sind nach dem Auswerten von Bewerbungsunterlagen, die am häufigsten eingesetzte Methode bei der Personalauswahl. Das Vorstellungsgespräch soll beiden Parteien einen Einblick geben. Das Unternehmen bekommt die Möglichkeit sich als Arbeitgeber und der Bewerber seine Fähigkeiten vorzustellen.

In ihrer Durchführung kann unterschieden werden zwischen "einer völlig freien Gesprächsführung über teil- und vollstrukturierte Varianten". (Oechsler,2019 S.247) Die strukturierten Varianten zeichnen sich durch mehr oder weniger standardisierte Abläufe und Fragestellungen aus. In der Regel beziehen sich die gestellten Fragen auf die Ausbildung und die Berufserfahrung, sowie Aspekte des Lebenslaufes.

Je freier das Gespräch geführt wird, desto ergiebiger ist es, allerdings auch schwerer auszuwerten. Teil- und vollstrukturierte Varianten sind auf Grund ihrer Struktur in ihrer Auswertung einfacher zu handhaben. Die Validität solcher Gespräche kann schwanken. Dies hängt u. a. mit der Erfahrung in der Führung von Auswahlgesprächen zusammen. Für den Interviewer ist ein objektives Verhalten unbedingt von Nöten, aber leider nicht immer gegeben. Laut Schuler (1998) leidet die Validität von Einstellungsgesprächen auch unter:

➤ Mangelndem Anforderungsbezug der Fragen

➤ Unzulänglicher Verarbeitung der aufgenommenen Information

➤ Geringer Beurteiler- Übereinstimmung

➤ Einem dominierenden Gewicht früherer Gesprächseindrücke

➤ Einer Überbewertung negativer Informationen

➤ Emotionaler Einflüsse auf die Urteilsbildung und

➤ Der Beanspruchung des größten Teils der Gesprächszeit durch den Interviewer

Durch verschieden Methoden, welche in 3.2 zur Sprache kommen, kann die Validität erhöht und das Verfahren des Auswahlgespräches verbessert werden.

Thematisch ist das Gespräch grob in acht Phasen zu unterteilen:

| Phase 1 | Begrüßung |
|---------|-----------|
| Phase 2 | Fragen zur Ausbildung |
| Phase 3 | Fragen zur beruflichen Entwicklung |
| Phase 4 | Unternehmen und Stelle aus Sicht des Bewerbers |
| Phase 5 | Informationen über Unternehmen und Stelle |
| Phase 6 | Fragen zur persönlichen Situation |
| Phase 7 | Vertragsvorverhandlungen |
| Phase 8 | Verabschiedung |

Abb. 2: Thematischer Aufbau eines Vorstellungsgespräches: eigene Darstellung in Anlehnung an Bröckermann (1997)

Wichtig beim Stellen der Fragen ist immer ein Bezug zu der ausgeschriebenen Position. Es ist zu beachten, keine Suggestivfragen zu stellen, da aus deren Antworten kaum Informationen gewonnen werden können. Außerdem muss Abstand von Diskriminierung im Sinne des allgemeinen Gleichbehandlungsgesetzes genommen werden. Das Auswahlgespräch ist dazu gedacht, offene Fragen aus den Bewerbungsunterlagen zu klären. Es ist eine Möglichkeit für das Unternehmen den Bewerber persönlich zu begutachten und umgekehrt gibt es dem Bewerber die Möglichkeit, sich ein Bild vom Unternehmen und dem Arbeitsplatz zu machen.

Eine gute Gesprächsvorbereitung ist für den Interviewer unabdingbar. Mögliche Fragen, welche gestellt werden können, sind u.a.:

➤ (Phase 2) Hatten Sie in der Ausbildung Interesse an bestimmten Tätigkeiten?

➤ (Phase 3) Welche Arbeiten führen Sie gegenwärtig selbstständig aus?

➢ (Phase 6) Welche Meinung hat Ihr Lebenspartner über den Stellenwechsel? (Bröckermann, 1197, 2021)

Es ist von Vorteil, wenn dem Bewerber mit der schriftlichen Einladung zum Vorstellungsgespräch Informationsmaterial über das Unternehmen mitgesendet wird. Damit kann der Bewerber explizitere Fragen stellen und seinerseits Informationslücken, das Unternehmen und die Stelle betreffend, füllen.

## 3.2 Lösungsansätze zum Gestalten von Auswahlgesprächen

Um der Verärgerung von Bewerbern über Art des Führens von Auswahlgesprächen (bei 'Time') entgegenzuwirken, gibt es verschiedene Möglichkeiten.

Alle Interviewer sollten denselben Wissensstand zum Durchführen von Auswahlgesprächen haben. Grundsätzlich ist es von Nöten, den Interviewer vorab zu schulen. Dazu gehört vor allem eine objektive Einstellung dem Bewerber gegenüber, sowie ein freundliches interessiertes Auftreten. Es soll versucht werden, Beobachtungs- und Beurteilungsfehler so weit wie möglich auszugrenzen. Zu solchen Fehlern gehören beispielsweise interpersonelle Einflüsse wie Vorurteile, eine selektive Wahrnehmung oder das persönliche Wertesystem. Als interpersonelle Einflüsse zählen u.a. Sympathie und/ oder Antipathie, der erste Eindruck oder der Reihenfolgeeffekt. Dazu kommen situative Faktoren und nicht exakt bestimmte Kriterien im Beurteilungsverfahren. Dem Interviewer muss vor dem Gespräch klar sein, welche Auswertungskriterien zum Einsatz kommen. Eine Möglichkeit Einflüsse zu dezimieren, ist es, ein Auswahlgespräch mit zwei Interviewern (duales Vorstellungsgespräch oder Doppelinterview) durchzuführen.

Zusätzlich dazu sind Fragebogen zur Selbstdiagnose hilfreich. Damit werden eventuelle Vorurteile und subjektive Bewertungen von Seiten des Interviewers aufgedeckt. Dazu stellt sich der Beurteiler selbst Fragen bezüglich seines Urteils gegenüber dem Bewerber. Solch eine Frage kann sein: "Was bemerke ich Auffälliges an dem Bewerber? (Positiv/ negativ) Hat das mein Verhalten beeinflusst?"

Das Einstellungsgespräch kann methodisch durch folgende Maßnahmen verbessert werden:

Entscheidend ist eine anforderungsbezogene Gestaltung des Auswahlgespräches. Dies erhöht zum einen die Validität, zum anderen steigt der Informationsgehalt (und damit die Zufriedenheit) für den Bewerber. Des Weiteren ist eine Beschränkung auf Aspekte, welche nicht anderweitig gesammelt werden können (z.B. über Zeugnisse) notwendig. Mit der Durchführung von strukturierten Interviews, unter der Verwendung von geprüften Skalen, erhöht sich die Validität. Bewerber bevorzugen allerdings ein freies Gespräch. Es ist an dieser Stelle hilfreich über eine Mischform wie das multimodale Einstellungsgespräch nachzudenken. Auf diese Form wird in 3.3 näher eingegangen. Durch das Verwenden von empirisch geprüften Einzelfragen können subjektive Fragen ergänzt werden. Hier können Fragen, aus dem in Kapitel 1.2 besprochenem biografischem Fragebogen übernommen werden. Weiter oben wurde schon auf das dual geführte Auswahlgespräch hingewiesen. Werden solche Gespräche von einem Mitarbeiter aus der Personalabteilung des Unternehmens und eines Mitarbeiters aus der jeweiligen Fachabteilung geführt, können Verbesserungen erwartet werden. Hier kann der Bewerber auch fachtechnische Fragen, die Stelle betreffend, dem zuständigen Mitarbeiter stellen. Schlussendlich ist es hilfreich das Einstellungsgespräch mit psychometrischen Prinzipien zu gestalten und durchzuführen. (Schuler, 1998)

Durch das Umsetzen dieser Maßnahmen ist die gleiche Beurteilung aller Bewerber nahezu sichergestellt. Demzufolge wird die Verärgerung eingegrenzt bzw. sogar verhindert.

## 3.3 Optimalen Ablauf von Auswahlgesprächen (bei 'Time')

Um einen optimalen Ablauf von Auswahlgesprächen bei 'Time' zu gewährleisten ist es notwendig vorab allen Personen, welche Auswahlgespräche führen, ein "sorgfältig konzipiertes und kompetent durchgeführtes Training" [ebd., S. 87] angedeihen zu lassen. Im Zuge dieses Trainings soll die Durchführung des Einstellungsgesprächs vermittelt werden. Dazu gehört auch das Verhalten des

Interviewers und das Wissen um die möglichen Fehlerquellen. Auf Grund dieses Trainings wird davon ausgegangen, dass alle Beurteiler das selbe Wissen erlangt haben und auch anwenden können. 'Time' hat sich für das Führen von multimodalen Interviews als Vorstellungsgespräch entschieden. Hier wurden von Schuler sieben Kategorien entwickelt, um die Defizite eines typischen Interviews zu verbessern und die Validität allgemein zu erhöhen. Diese Kategorien sollen das Interview inhaltlich leiten. Durch die Kombination von freiem Gespräch und strukturiertem Interview sowie dem Hinzufügen weiterer Elemente hat sich daraus ein bewährtes Modell entwickelt, welches viele Handlungsempfehlungen aus der Interviewforschung vereint.

Um ein gutes Auswahlgespräch zu führen, ist eine gute Vorbereitung unumgänglich. Nach Auswertung der Bewerbungsunterlagen wird eine schriftliche Einladung, mit festgelegtem Datum, Zeit und Ort, versendet (kündigungsrelevanten Termin beachten), gegebenenfalls werden fehlende Unterlagen angefordert und um Terminbestätigung gebeten. Andere am Gespräch beteiligte Personen (duales Interview) sind zu informieren. Es muss ein geeigneter ruhiger Raum gefunden werden, Schreibmaterial sollte bereitliegen und vorab der geplante Gesprächsverlauf nochmal im Geist durchgegangen werden.

Mit dem Bewerber wird ein multimodales Interview geführt. Mit dem Gesprächsbeginn kommt es zu einer Begrüßung und einer kurzen informellen Unterhaltung. Die Teilnehmer stellen sich einander vor. Der Interviewer ist um eine angenehme Atmosphäre bemüht und umreißt kurz den geplanten Gesprächsverlauf. Es wird Platz genommen und eventuell Erfrischungen angeboten.

Nachfolgend wird der Bewerber aufgefordert über sich selbst zu erzählen (Selbstvorstellung). Dabei sollen vor allem der persönliche wie auch der berufliche Hintergrund beleuchtet werden (Ausbildung, berufliche Entwicklung). Es sollen vom Bewerber Erwartungen, Stellenvorstellungen und Bewerbungsmotive angesprochen werden.

Die Selbstvorstellung des Bewerbers geht in ein freies Gespräch über. Es werden vom Interviewer offene Fragen gestellt um an die Selbstvorstellung anzuknüpfen. Damit können Lücken in den Bewerbungsunterlagen geschlossen und Wiedersprüche geklärt werden.

Dem folgt das Stellen von biografiebezogenen Fragen. Diese können aus einem biografiebezogenen Fragebogen (siehe Kapitel 1.1) übernommen oder abgeleitet werden. Hier sollen Einstellungen des Bewerbers beleuchtet werden. Außerdem geht es um die Verdeutlichung von Arbeitsweisen und Kompetenzen. Diese Fragen sind anforderungsbezogen. Eine mögliche Frage wäre: "Wie häufig fragen Sie Arbeitskollegen oder Bekannte um Rat?"

Nachdem die biografischen Fragen abschließend gestellt worden sind, kommt es zu einer ausführlichen, realistischen Tätigkeitsinformation seitens des Interviewers. Es werden Informationen über den Arbeitsplatz und das Unternehmen gegeben. Entwicklungsmöglichkeiten können besprochen werden. Hilfreich ist es, wenn an dieser Stelle Bezug auf das vorab zugesendete Material genommen werden kann. Ist dies versäumt worden, ist jetzt der späteste Zeitpunkt für die Übergabe des Materials.

Es kommt zu einer Überleitung zu den situativen Fragen. Hier können auch Transferaufgaben oder Fallaufgaben gestellt werden. Eine Option wäre: "Was machen Sie, wenn Ihr Vorgesetzter eine unverständliche Nachricht für Sie hinterlassen hat und für eine Woche nicht erreichbar ist?"

Abschließen kann der Bewerber Fragen stellen, weitere Vereinbarungen können getroffen werden, der Interviewer fasst alles kurz zusammen. Es erfolgt an dieser Stelle weder eine Zu- noch eine Absage, da alle Bewerber berücksichtigt werden sollen. Dem Bewerber wird allerdings ein Zeitpunkt einer ungefähren Rückmeldung bekannt gegeben. Falls im Einladungsschreiben noch kein Bezug auf Vorstellungskosten genommen worden ist, muss dies zum jetzigen Zeitpunkt erfolgen. Der Beurteiler bedankt und verabschiedet sich.

Oechsler und Paul (2019) werfen die Frage auf, ob eine Umstrukturierung der Phasen/ Module angebracht ist. Beispielsweise die Tätigkeitsinformation vor die Selbstvorstellung zu setzten, um damit dem Bewerber die Möglichkeit zu geben, präziser mit der Darstellung seines Lebenslaufes auf die Stelle einzugehen. Prinzipiell ist es sicherlich möglich, dass ein gut geschulter und erfahrener Interviewer die Fragen dem Gesprächsverlauf anpasst.

# Literatur- und Quellenangaben

Bröckermann, R., 1997, Personalwirtschaft, Arbeitsbuch für das praxisorientierte Studium, Köln

Bröckermann, R., 2021, Personalwirtschaft, Lehr- und Übungsbuch für Human Resource Management, 8. Auflage, Stuttgart

Knoblauch, R., 1990, Die Auswahl von Außendienstmitarbeitern in der pharmazeutischen Industrie mit Hilfe eines biographischen Fragebogens, In Schuler, H., Stehle, W., 1990, Biographische Fragebogen als Methode der Personalauswahl, 2., unveränderte Auflage, S. 91-113, Stuttgart

Oechsler, W. A., Paul, Ch., 2019, Personal und Arbeit, Einführung in das Personalmanagement, 11., überarbeitete und aktualisierte Auflage, Berlin/ Boston

Probst, G. J. B., 1992, Organisation, Strukturen, Lenkungsinstrumente, Entwicklungsperspektiven, Landsberg/ Lech

Schuler, H., Stehle, W., 1990, Biographische Fragebogen als Methode der Personalauswahl, 2., unveränderte Auflage, Stuttgart

Schuler, H., 1998, Psychologische Personalauswahl, Einführung in die Berufsdiagnostik, 2., unveränderte Auflage, Göttingen

Vahs, D., 2015, Organisation, Ein Lehr- und Managementbuch, 9., überarbeitete und erweiterte Auflage, Stuttgart

Biographischer Fragebogen - Wirtschaftslexikon (wirtschaftslexikon24.com) (zuletzt aufgerufen am 26.04.2021)

https://www.wirtschaftspsychologie-aktuell.de/magazin/biographische-frageboegen-sind-verlaesslich/103/ (zuletzt aufgerufen am 27.04.2021)

Petersen, R., 2002, Microsoft Word - Diss-Gesamt-PDF.doc (d-nb.info) (zuletzt aufgerufen am 28.04.2021)

# Abbildungsverzeichnis